TANZ

99 1/2

GEDICHTE

Ana Flor

Für alle, die ihr Leben tanzen

„Tanz ist ein Telegramm an die Erde mit der Bitte um Aufhebung der Schwerkraft."

Fred Astaire

TANZ

99 1/2

GEDICHTE

Ana Flor

FSC
www.fsc.org
MIX
Papier aus ver-
antwortungsvollen
Quellen
Paper from
responsible sources
FSC® C105338

Bibliografische Information der Deutschen Nationalbibliothek: Die Deutsche Nationalbibliothek verzeichnet diese Publikation in der Deutschen Nationalbibliografie; detaillierte bibliografische Daten sind im Internet über dnb.d-nb.de abrufbar.

1. Auflage 2023
Copyright © 2023 Ana Flor
Umschlaggestaltung und Layout: Ana Flor
Fotos und Bilder: Ana Flor

Herstellung und Verlag:

BoD — Books on Demand, Norderstedt

Inhalt

TANZ — Gedichte

Vorwort

Zur Autorin

Schwebfliege vor Islandmohn, Norwegen

Vorwort

TANZ: Eine Leidenschaft. Eine Lebenshaltung. Ein Lebensgefühl. Von Kindesbeinen an habe ich mein Leben getanzt — ob draußen im Regen mit meinen roten Gummistiefeln oder ausgelassen im Wohnzimmer meiner Eltern. Doch auch die stillen, traurigen Stunden beweg(t)en mich — wenn auch manchmal nur innerlich. Immer war und ist es jedoch ein kleiner Tanz mit dem mehr oder weniger bewegten Leben.

Und so habe ich Gedichte geschrieben und bereits geschriebene ausgewählt, um dem Tanz (des Lebens) und den vielen (Lebens-) Tänzerinnen und Tänzern zu huldigen, egal, welcher Tanz uns zum Tanzen bewegt: Ein Gefühl... eine Geste... das Novembergrau... eine frohe Botschaft... eine Passion.

Viele Gedichte haben einen direkten Bezug zu Erlebtem, sind so zusagen aus dem erlebten Zauber heraus bewegte Gedichtschritte, die mich begleiten und leicht sein lassen, so wie das Gedicht „Tanz am See", dessen Worte sich durch einen magischen Moment formten, als ich in den Zeiten von Corona beschwingt meine Füße durchs weiche Gras tanzen ließ, wo Indoor-Sport out war und wir also outdoor tanzten. Und was aus der Not heraus geboren wurde, erwies sich als unglaubliche Bereicherung.

Die Gedichte zeigen auch, wie wichtig der Atem, die Pause und damit die Stille, vor allem im *Soul Motion*, sind (eine Richtung des Conscious Dance).

Alles bewegt sich, alles tanzt. Hierzu ein Zitat aus dem neuen Buch von *Paul Blok*:

„*Nirgends in der uns umringenden Welt gibt es Masse. Der Stuhl zum Beispiel, auf dem du vielleicht gerade sitzt, besteht aus umher tanzenden Atomen, das Gleiche gilt für das Buch, das du in den Händen hältst. Alles ist in Bewegung, alles ist Tanz. Auch dein Haus, in dem du wohnst. Alle Steine, die dich beschützen und alle Dachpfannen bestehen aus einer Kombination von umher tanzenden Atomen. Alles tanzt. Auch dein Körper. Wenn du also in Übereinstimmung mit der dich umgebenden Welt leben möchtest, dann ist Tanzen der Ausdruck, der dem am nächsten kommt. Also: Warum tanzt du nicht?*"[1]

Dem schließe ich mich an und möchte an dieser Stelle allen Menschen von Herzen danken, die mich auf meinem Lebensweg begleiteten und begleiten, denn sie alle haben auf ihre Weise zur Vollendung auch dieses Gedichtbandes beigetragen.

Ana Flor, im Januar 2023

---

[1] Paul Blok: *Der Sprung in den Zwischenraum. Eine Pilgerreise nach innen.* Übersetzung vom Niederländischen ins Deutsche: Ana Flor. In Druck. Phänomen-Verlag. Voraussichtliches Erscheinungsdatum: Frühjahr 2023.

Aller Zweifel enthoben

Aller Zweifel enthoben
zwischen Himmel und der Zeit.
Lass' die Funken stoben
beim Tanz im Sternenkleid!

Aller Zweifel enthoben
im Tanzraum und im Sein.
Es gibt weder unten noch oben,
und jede Bewegung ist dein!

Aller Zweifel enthoben
im Raum zwischen Stille und Fluss.
Du solltest dir eines geloben:
Dein Tanz kennt kein Sollen, kein Muss!

Alles ist in Bewegung

Alles ist in Bewegung,

alles ist ein Tanz.

Alles bewegt sich.

Unablässig

und tanzt.

Alles ist

ganz

dem Tanz

ergeben

und damit

dem Leben.

Atem

Atem ist Bewegung und Stille.
Einatmen. Ausatmen.
Pause.

Der Raum dazwischen.
Einatmen. Ausatmen.
Pause.

Der Same ruht tief in der Erde,
bevor er sich dem Himmel
entgegenstreckt.

Wir ruhen in der Nacht,
bis wir der Welt unsere Arme
entgegenstrecken.

Die Raupe ruht in der Stille,
bis sie ihre Flügel der Sonne
entgegenstreckt.

Einatmen. Ausatmen.
Pause.
Beides gehört zusammen.

Das ist das Gesetz des Lebens.

Atmung

Atme deinen Tanz.
Hauche dir sanft Leben ein.
Hole einen tiefen Atemzug
zu dir und spiele
auf deinem Körperklavier
die Melodie dazu.
Multitalent Atem
haucht dir Leben ein.
Weite die Flügel
und lass' dich beben.

Erdenleben.
Erbeben.
Ergeben.
Geben.
Gebet.
Atem.

Ausdehnen

Betrete deinen inneren Raum,
denn hier weilt dein Traum
von der eigenen Weite.

Schau deinen eigenen Raum
und puste den Schaum
der Verblendung nach draußen.

Spüre deinen eigenen Raum
denn hier fühlst du kaum
die Begrenzung des Außen.

Weite deinen inneren Raum,
halte dich nicht im Zaum,
denn wir steh'n Seite an Seite.

Sei dein eigener Raum,
stehe fest wie ein Baum
in deiner eigenen Mitte.

Verlasse nun deinen Raum,
verlasse jede Form
und vertrau jedem deiner Schritte.

Bereit

Sei bereit

für den Tanz

mit dir.

Offene Arme.

Sanftes Herz.

Weicher Atem.

Fließen.

Landen.

Sein.

Beweg dich!

Beweg dich
und du wirst bewegt.
Lass das Schlechte draußen
und betrachte das Außen
als einen Spiegel,
in dem sich deine Seele bricht.
Schütze dein Licht.
Gib es nicht

in falsche Hände.
Bleib dir treu
und scheu-
e dich nicht,
deinen Weg zu gehen,
dich einfach umzudrehen
und alles stehen
zu lassen
in deinem Tanz
mit dir!

Bewegung und Stille

Bewegung entspringt der Stille
und kehrt immer wieder zu ihr zurück.
Stille Einkehr.
Atmen. Lauschen. Sein.
Dann eine leise Bewegung der Hand.
Ein fast unmerklicher Hüftschwung.
Und schon tauschen Stille und Bewegung
geschmeidig ihre Plätze.
Tanzen. Wirbeln. Springen.
Hüpfen. Schreiten. Wiegen.
Lebenslust versprühen.
Dann wieder leise Rückkehr
in die Stille der Eigenwahrnehmung.
Stille und Bewegung.
Ein unzertrennliches Paar.
Bewegung und Stille
reichen sich zärtlich die Hände,
laden sich gegenseitig ein.
Leichtes Wogen.
Sanfter Wellengang.
Hin und her und her und hin.
Wie das Leben.

Bodenhaftung (Erinnerung)

Der Boden übernimmt die Haftung,

damit wir die Bodenhaftung und

den Boden unter unseren Füßen

nicht verlieren,

sondern auf dem Boden

der Tatsachen

bleiben.

Denn erst wenn wir uns erden

können wir fliegen.

Brücke (nach dem Tanz)

Ruhen.

Spüren.

Sein.

Allein.

Und doch mit euch

ganz fein

verbunden.

Dankbarkeit

Was geschieht mit der Dankbarkeit,
wenn du sie zu dir nimmst
und mit ihr tanzt?
Wo fühlst du sie?
Wo breitet sie sich aus in dir?
Hat sie Worte? Ein Bild?
Eine Geste oder eine Bewegung?

Lausche.

Vielleicht hat sie Antworten
für dich auf ungelöste Fragen.
Vielleicht aber auch keine.
Tanze beides, denn nicht alles
braucht eine Antwort.
Auch in der Unwissenheit
liegt eine Kraft verborgen.

Tanze deine Dankbarkeit.

Das Leben tanzen

Es geht darum, das Leben zu tanzen.
Und den Stern in dir.
Der immer leuchtet.
Und dir den Weg weist.

Schließe die Augen.
Dann kannst du ihn sehen.
Hell und strahlend.
Deinen tanzenden Stern.

Dein Stern. Dein Tanz.
Alles ist eins.
Tief in dir drin weisst du es auch.
Vertraue und tanze.

Vertraue dich dir, dem Leben an.
Alles, was du brauchst ist in dir.
Es wartet auf dich.
Es wartet, von dir getanzt zu werden.

Es ist dein Geschenk,
mit dem du dich
in diese Welt geboren hast.
Leuchte. Strahle. Tanze.

Denn du bist der Stern
am Himmel deines Lebens.
Das Weltall.
Das Alles und

das Nichts.
Die Fülle und
die Leere.
Dieses Paradoxon heißt:

Leben.
Tanze es!

Das Leben tanzt

das Leben tanzt
in dir
mit dir
bei dir
vor dir
hinter dir
unter dir
über dir
durch dich
und überall um dich herum
darum – tanze!

Dein Raum

Mit deinen Augen
siehst du
deinen Raum.

Mit deinen Füßen
betrittst du
deinen Raum.

Mit deinen Händen
hältst du
deinen Raum.

Mit deinem Körper
fühlst du
deinen Raum.

Mit deiner Seele
füllst du
deinen Raum.

Mit deinem Sein
bist du
dein Raum.

Dein Tanz sei

andächtig–aufbauend–aufmerksam
beglückend–befreiend–beflügelnd
dankbar–direkt–demütig
erhebend–erfüllend–empfangend
freudvoll–friedlich–fein
getragen–geführt–geborgen
haltend–heiter–hoffnungsfroh
intuitiv–„in tune"–imaginär
jauchzend–jubelnd–JAAA
kraftvoll–kathartisch–klar
leicht–luftig–leise
mutig–munter–magisch
neugierig–neu–nirgendwo
offen–originell–ohne Wollen
pulsierend–poetisch–pausierend
rhythmisch–ruhend–rastlos
sanft–still–stark
taktvoll–tuchfühlend–taufrisch
ureigen–unverwechselbar–unverfälscht
vogelfrei–vollkommen–verstehend
wach–weich–wogend
Dein Tanz

Der Tanz

Ich tanze mit den Bäumen
Ich tanze mit dem Wind
Ich tanze mit den Träumen

Ich tanze mit dem Alten
Ich tanze mit dem Fluss
Ich tanze mit dem Halten

Ich tanze mit dem Morgen
Ich tanze mit der Welt
Ich tanze mit den Sorgen

Tanz ist, was mich hält.

Die Biene und die Libelle

Es war einmal eine Biene,
die traf eine Libelle.
Sie flogen aneinander vorbei
und eine rief „Hi".
Und als die andere antwortete,
da begann ihr Tanz.

Mit kleinen, zarten Bewegungen.
Und mit wachsendem Mut
wurden ihre Kreise
immer größer und weiter.

Sie wirbelten und flatterten.
Sie schwirrten und gaukelten,
tanzten und schaukelten
völlig unbeschwert und heiter

in den glitzernden Morgentau.
Und als sich die Sonne erhob,
da wussten sie genau
dies ist die Liebe meines Lebens.

Einheit

Lass deinen Tanz

In die Musik fallen.

Tiefer und immer tiefer,

bis du in jeden Ton sinkst,

mit ihm verschmilzt.

Und dann:

Durchschwimme die Berge.

Erklettere die Ozeane.

Berühre den Himmel.

Umarme den Boden.

Streichle den Wald.

Atme das Feuer.

Tanze mit dir.

Sei eins.

Ganz.

Du.

Follow

Let's follow our heart.

Our **heart.**

Back to the rhythm.

The **rhythm.**

Let's follow our dreams.

Our **dreams.**

Back to life.

Life.

Let's follow ourself.

Ourself.

Back to the source.

The **source.**

Freude

Lass die Freude mit dir tanzen
und wirf den Ranzen
der Schwere ab.

Freude will bewegt werden
hier auf Erden
und überall.

Freude liebt die Lebendigkeit,
drum sei bereit
für deinen Tanz.

Freude wackelt mit dem Po
und mit den Ohren sowieso,
war doch klar.

Freude hört dich gerne lachen
und liebt lustigfrohe Sachen,
Freude ist Lebenselixier

Darum sind wir hier!

Freudentanz

Dein Freudentanz

bringt einen

Rattenschwanz

an Effekten in Gang,

er vertanzt z. B. Zwang.

Er vertreibt den Druck,

das Müssen und Wollen,

und ruckzuck,

schöpft du wieder aus den vollen

Krügen der Fülle.

Gleichgewicht

Ist das Gewicht gleich
verteilt,
dann weilt
die Freude weich
in deinem Schoß.

Du musst dich bloß
sanft wiegen,
wie das Meer.
Sei Feuer und Luft,
und schon verpufft,
was dich verschiebt.
Sei verliebt
in dich und das Leben.
Im Tanz weben
wir die Wirklichkeit.
Sei bereit
für Balance
und Gleichgewicht.

Glühwürmchenballett

Es glüht unter weißen Stämmen

und im dichten Unterholz.

Rhythmische Funkwellen.

Glühwürmchenballett.

Mystische Choreographie.

Stilles Lichtergleiten.

Lautloser Tanz

in mondumspielter Nacht.

Herzensfächer

Der Tänzer will erwachen
und lächelt den Füßen zu.
Es tanzt der Feuerdrachen
und gibt einfach keine Ruh.

Nimm deinen Fächer zur Hand,
fächle dein Herz in die Welt.
Berge, Wiesen oder Strand,
tanze, wo es dir gefällt.

Feuerfächertanz, so wild,
dass deine Funken stoben.
Tanze dich mit diesem Bild.
Dein Unten wird das Oben.

Jeglicher Raum verschwindet,
bis nur noch du übrig bist.
Nichts mehr, was dich noch bindet.
Nichts, was jetzt wichtiger ist.

Du lässt die Funken fliegen,
und deine Seele wird weit.
Keine Angst kann dich mehr kriegen,
denn du tanzt dich aus der Zeit.

Herzensmitte

Lasse dich voller Vertrauen,
vollkommen entspannt,
in die bodenlose Unendlichkeit
deines Selbst fallen,
dorthin, wo das Fallen in Schweben über-
geht,
und das Schweben in Tanzen.
Und dort umarme den goldenen Stamm
deines ewigen Baumes
und werde eins mit ihm.

Lebe aus deinem Herzen heraus,
und bewege dich entlang des Randes
deiner zarten Blütenblätter,
um langsam und vorsichtig,
Blütenblatt für Blütenblatt,
wieder zu dir zurückzukehren,
wie in einem Tanz,
deinem ureigenen Tanz.
In die eigene Mitte,
deine wahre Mitte,
die leere Mitte,
wo dein inneres Licht leuchtet
aus der Strahlkraft deines Herzens.

Honigsonne

blätterfang
im reigen des seins
seelenschlupfloch gefunden
hindurchgeschlüpft

wen haben wir denn da?
blaugetupfter hupferding
freut sich auf den neuen tanz

sommermorgenduft
lockt mit tropfenklang
und honigsonne

gestreckter flug
im funkensog
des spiralnebels

In Leichtigkeit

Sei leicht,
es reicht
mit der Schwere.
Verwehre dir nicht
das Licht.

Sei leichten Fußes
und frohen Mutes,
und gleite
auf goldenen Schwingen
ins Gelingen.

Reite den Drachen,
hör dein Lachen
in den Wäldern.
Fliege zu Dir
ins Hier

und Jetzt.
Sei du,
bleib dir treu
und erfreue dich
an dir.

In motion

In motion

I am in motion
Constantly in motion
In motion

Even when I'm still

I am in motion
Constantly in motion
In motion

Emotion

I am in motion
Constantly in motion
In motion

Innentanz

Jetzt beginnt der Tanz

Im Innen

Und binnen

Weniger Sekunden

Bist du in dir

Verschwunden.

Inseltanztraum

Inseltanztraum.
Freier Tanzraum.

In dir landen.
und dir selbst
abhanden
kommen.

Dich zu dir tanzen
und den schweren Ranzen
einfach abschmeißen.

Dir Schritt für Schritt entgegen kommen
und völlig benommen
vor Glück sein.

Dich auf dich einlassen
und dein Herz
fest umfassen.

Dich auf dich
besinnen
und Tanzträume spinnen.

Dies ist die Rückkehr zu dir.
Leicht statt schwer
im Jetzt und Hier.

Inseltanztraum.
Freier Tanzraum.

Klarheit (Haltung bewahren)

Lade die Klarheit ein,
mit dir zu tanzen.

Klarer Geist.
Klarer Blick.
Klare Linien.
Klare Ausrichtung.
Klar wie ein Bergsee.

Eine klare Haltung
führt zu klaren Bewegungen.

Klare Bewegungen führen
zu einer klaren Haltung.

Dies ist das Gesetz
von der Einheit von Körper und Geist.

Kletterwald

Meine Seele klettert
im Geäst der Freiheit
und tanzt in den Wipfeln
der Unbeschwertheit,
lässt sich sanft fallen
in den Freiraum
der Leichtigkeit
und gleitet weich
den Stamm der
Bodenhaftung hinab,
um sich im Schoß
von Mutter Erde
einzukuscheln
und dort Wurzeln
zu schlagen –
noch Fragen?

Kreuzen

Nicht geradeaus.
Gekreuzt.
Kreuze die Beine.
In beide Richtungen.
Und dann die Wege.
In beide Richtungen.
Kreuz und quer.
So entstehen Kreuzungen.

Kreuze die Finger.
Einer nach dem anderen.
In beide Richtungen.
Kreuze die Arme.
In beide Richtungen.
Kreuz und quer.

Kreuze einen Arm und ein Bein.
In beide Richtungen.
Kreuz und quer.
Dazu die Finger kreuzen.
In beide Richtungen.
Und jetzt kreuz und quer
durch den Raum.
In alle Richtungen.

Lass dein Herz tanzen

Lass dein Herz tanzen
in die Weite und in die Stille
deiner Intuition.
Lass es dich führen,
sicher, stark und sanft
in weichen Schritten hin zu dir.
Tanze mit deinem Herzen,
und drehe dich wild im Walzertakt.
Geschmeidig, biegsam, weich.
Lass dich sanft in seine Arme fallen,
es dich halten und berühren.
Lass dein Herz dich führen,
aus den engen Räumen des Verstandes,
leicht und verspielt hinaus in die Weite
der Herzenslichtung,
heraus aus dem dunklen Dickicht
der Gedanken,
und tauche ein in deine Herzensquelle.
Lass dich erfrischen, beleben
und durchfluten
von den guten Wassern der Seelenessenz.

Tanze deinen Herzenstanz
hinaus in die Welt
und hinein in deine weiten Seelenräume.
Lasse dich durchglühen von den
Lebensströmen deiner Herzenskammern.
Unaufhörlich durchpumpen und durchspülen
von der Magma deiner Herzensträume.
Hüpfe mit deinem Herzensflummi
in ungeahnte Höhen,
und lande sanft in den flauschigen Kissen
deiner Herzenshöhle,
um dich dort einzukuscheln,
um bereit zu sein
für deinen nächsten Herzenstanz.

Lass dich

Lass dich landen und sanft gleiten,
um die Herzkammer zu weiten.

Lass dich tanzen, hüpfen, singen
und mit Wunderkerzen springen.

Lass dich lachen, jubilieren,
durch den Funkenwald spazieren.

Lass dich einig sein mit dir.
Heute. Morgen. Immer. Hier.

Lass dich ein

Lass dich ein
auf neue Töne
und verwöhne
deine Seele
im Universum der Klänge.

Tanze mit
dem Unbekannten,
dem Unbenannten,
dem unbemannten
Klangschiff
im Universum deiner Seele.

Lasse sie den Tanz führen,
dich verführen.
Lasse sie spüren,
dass du eins bist
mit ihr
und folge dir.

Lass dich fallen

Lass dich fallen

und sinke tief

in dich hinein.

Fühle den Boden,

wie er dich trägt

und hält.

Sinke immer

tiefer

und vertraue,

dass du gehalten bist –

hier und immer.

Lebenstanzelixier

Weite deinen Tanz

leite deine Schritte

zurück in deine Mitte.

Empfange dich in Freude,

breite deine Arme aus

und tanze dich hinaus

in das strahlende Licht.

Dorthin, wo du leuchtest

und deine Seele befeuchtest

mit Lebenstanzelixier.

Lichttanz

Erhebe dich über deine Schatten,

lass dich erstrahlen,

und wandle durch deinen Tanz

alle fahlen

Farben in leuchtendes Gold.

Wilder Tanz des Lebens.

Dein JA ist der Stern der

Unbegrenztheit.

Er gebiert dein Universum

im Tanz des Lichts.

Manchmal

Manchmal, wenn es keiner sieht,

setzt sie vorsichtig und leise

einen Fuß vor den anderen,

tanzt auf Zehenspitzen,

anmutig wie eine Elfe,

durch ihr Zimmer.

Dann umspielt ein leises Lächeln

ihren wohlgeformten Mund.

Denn wenn sie tanzt,

ist sie vollkommen

bei sich selbst.

Glücklich.

Zeitlos.

Ist.

Mein Tanz

Ich tanze für Liebe und Zärtlichkeit.
Ich tanze für Traurigkeit und Schmerz.
Ich tanze für die Liebe zum Tanzen.
Ich tanze für die Gelassenheit.

Ich tanze das süße Wort „bitte".
Ich tanze für die Verzweifelten.
Ich tanze für Freiheit und Frieden.
Ich tanze für die innere Mitte.

Ich tanze für das Leben.
Ich tanze auch für den Tod.
Ich tanze für alle Bienen
Ich tanze für herzwarmes Geben.

Ich tanze für alle Sorgen.
Ich tanze für den ewigen Atem.
Ich tanze für die Leichtigkeit des Seins
und für den immer neuen Morgen.

Nackensteife

Es besteht Hoffnung für den Nacken.
Hörst du das Zerren und das Knacken?
Wir müssen ihm Raum und Weite geben,
weil die Muskeln sonst verkleben.

Doch man erbarme sich auch
den Schultern und der Arme!
Alles im Zusammenspiel,
nicht zu wenig, nicht zu viel.

Im Tanz ein sanftes
Armeheben und -senken
und dabei dem Atem
Aufmerksamkeit schenken.

Sich nicht den Hals verrenken
und Abstand nehmen
vom gelenkten Denken.
Einfach nur Sein.

Schultern, Nacken kreisen,
die Arme lässig schütteln,
und so alle Drei
aus dem Schlaf wachrütteln.

Schon herrscht im Körper Einigkeit
und im Geiste Heiterkeit.
Die Seele macht die Schwingen weit
dank frei getanzter Freudenzeit.

Nadelöhr

Die Stille

verschafft sich

Gehör,

zieht vorsichtig

Schuhe und Strümpfe

aus

und schlüpft

lautlos

durch das

Nadelöhr

der Zeit.

Nichtwissen

Du weißt gar nichts.
Schwebst einfach so
im luftleeren Raum.
Losgelöst.

Dem Nichts entgegen.
Was du sollst,
wer du bist,
der Sinn der Reise.
Du weißt nichts.
Lächelst, wirst leise.

Und schweigend
dich vor der Leere
verneigend
drehst du dich zum Tanz

von Werden, Sein und Schweigen.
Tausend Trompeten und Geigen.
Schweigen, werden, sein.
Mit Allen und doch auch allein.
Sein, schweigen und werden.
Wie im Himmel so auf Erden.

Novembertanz

Wir alle torkeln wie benommen,

nebeltrunken durch den November,

alles ist feucht, die Sicht verschwommen.

Doch im LaubWirbelGlück

und im leuchtenden Blättergold

tanzen wir wieder zu uns zurück.

Ode an den ATEM

Ich wohne im Atem.
Ich lebe im Atem.
Ich liege im Atem.
Ich liebe im Atem.
Ich lebe im Atem.
Ich lache im Atem
Ich suche mich im Atem.
Ich verliere mich im Atem.
Ich finde mich im Atem.
Ich werde still im Atem.
Ich erreiche mich im Atem.
Ich erkenne mich im Atem.
Ich sammle mich im Atem.
Ich begegne mir im Atem.
Ich gebäre mich im Atem.
Ich bin ATEM.

Ode an den Boden

Du bist der, der mich trägt, hält, begleitet.
Der, den ich treten und
auf den ich meine Tränen
fallen lassen darf.
Du bist die Haut von Mutter Erde.
Unter dir schlägt ihr Herz.
Du gibst mir Halt
und lässt mich die Grenzen
der Schwerkraft spüren.
Auf dir finde ich Tatsachen
und kann doch über dir schweben.
Du gehörst zu meiner Hose
und unter mein Dach.
Du machst mich standhaft
und gibst mir die nötige Haftung
Ich will dich nie unter
meinen Füßen verlieren –
und manchmal bin ich einfach
bodenlos glücklich.

Öffnung

Öffne deine Augen.

Öffne deine Arme.

Öffne deine Hände.

Öffne deinen Kopf.

Öffne deine Seele.

Öffne dein Herz,

lächle und tanze

in die große Weite

in dir.

Platzhirsch

In deinem Herzen bist du der Platzhirsch.
Hier hast nur du das Sagen.
So tanze dein freudvolles Herz,
und fächle es in die Welt.

Sei beherzt und leichten Fußes.
Denn Tanz ist der Ausdruck
deines inneren Wirbels.
Und du bist das Auge des Sturms.

Im Tanz dreht sich die Welt um dich,
und stellst du die Welt auf den Kopf.
Tanze, sei frohen Mutes
und dir das größte Geschenk.

Pulsierende Stille

Es gibt Momente,

in denen pulsiert die Stille

wie eine Qualle, die sich in der

Tiefsee durch das stillblaue

Wasser pumpt.

Pulsierende Stille.

Welch kraftvoller Tanz in der

Tiefsee der eigenen Seele.

Punktlandung

Eintauchen in die Wärme
Der Gemeinschaft
Sanftes Schwingen
Leichtes Wiegen

Gleichklingender Freudentanz
Beschwingte Drehungen
Strahlende Augen
Weites Herz

Zusammen durch Raum und Zeit
Gemeinsame Punktlandung
Im Hier und Jetzt
Mit Allen sein

Raum

Nimm einen tiefen
Atemzug
und gib dir Raum.

Breite die Arme aus,
und gib deinen Willen frei.
Und jetzt empfange.
Höre hin.
Höre genau hin.
Ganz genau.

Und nun lausche nach außen.
Lausche den Klängen.
Sie berühren deinen Körper,
deine Seele
und bringen sie zum Schwingen,
in Bewegung.
In motion.
Soul motion.

Raumgleiter

Ich stehe auf der Spitze
meines Vertrauens,
tanze durch die Welt
meiner Träume,
gleite durch die Räume
meiner Gedankenbücher und
segle auf den Flügeln
meiner Klarheit
in die Weite
meiner Freiheit.

Raum II

Im Raum der Stille
gibt es keine
Fragen,
keine Antworten.
Nur Sein.

Im Raum der Stille
gibt es kein Müssen,
kein Sollen.
Nur Sein.

Im Raum der Stille
gibt es kein
Fordern,
kein Nein.
Nur Sein.

Regenfrau

eben tanzte sie

in voller regenkluft

barfuss durch den regen

so ausgelassen

mit glückskugel im bauch

wie eine kleine regenfee

hihi, diese freude

hihi, dieses kribbeln

strömender regen

strömende freude

Röckeln

Es ist soweit:
Lasst uns fröhlich röckeln
und nicht stocksteif stöckeln.
Spreizt die Finger und die Röcke,
macht Sprünge wie die Böcke
im Frühling und seid verliebt
ins Gelingen.

Lasst uns Licht ins Dunkel bringen
Streift eure Röcke glatt,
Knitterfalten hat
es genug gegeben.
Ruft euch im Tanz ins Leben.
Streicht sanft über Spitze und Brokat
und streut die Saat

der Freude
über euch, keine vergeude
auch nur einen Samenkern,
denn jeder ist ein Freudenstern.
Streicht über Samt und Seide
und schwingt euch auf die Weide
der Fülle.

Rhythmus

Der Rhythmus glüht
und sprüht
Funken,
und Du bist ganz
in Dich versunken.

Der Rhythmus pulsiert
und es gefriert
die Angst.
Der Rhythmus
hat sie auf getrunken.

Sanft

Hole jeden Ton zu dir.
Sanft.
Lade ihn ein, dich zu begleiten,
um gemeinsam
die Welle zu reiten.

Hole jede Bewegung zu dir.
Sanft.
Lade sie ein, dich zu erhellen,
um gemeinsam
zu schwimmen in bunten Freudenwellen.

Hole dich zu dir.
Sanft.
Lade dich ein, ohne zu denken,
um dich
der Lebenswelle hinzuschenken.

Sanft.

sanfte Landung

Wiedergeburt – Endspurt.

Ohne Sicherheitsgurt.

Heimkehr.

Zu dir. Zu dir.

Punktlandung – die Verwandlung.

Ohne Rückfahrtschein.

Einfache Fahrt

im Gefolge der Gemeinschaft.

GESCHAFFT!!!

Seelenbrief (Innehalten)

Sanfte Landung.
Die Verwandlung.

Kommst dir nicht abhanden.
Wirst nur in dir landen.

Im Jetzt und im Hier.
Kommst endlich heim zu dir.

Findest kleine Schritte
zurück in deine Mitte.

Und das Bewegungslos
macht dich, deine Seele, groß.

Du musst gar nichts tun,
nur still in dir ruhn.

So geht Nachhausekommen.
Hast dich an die Hand genommen.

Schwimmst im Seelenmeer.
Wie lange ist das her?

Darfst dich jetzt genießen,
dich, deine Seele, sanft begießen.

Und im Fluss der Freudenzeit
macht sich endlich Lachen breit,

dich fein durchzukitzeln.
Auf dass die Synapsen britzeln,

bis nur noch Glück übrig ist
und du dich selbst vergisst.

Bewegst nun dich, deine Seele,
ohne Zögern und Gequäle,

erwählst dich für deinen Tanz.
Bist wieder heil, gelandet, ganz.

Deine Seele.

Seelentanz

Nicht jeder Tanz beginnt im Außen.
Nicht jeder Tanz ist sichtbar.

Selbst das kleinste Erzittern
bringt die Seele zum Fliegen.

Auch ein hauchfeines Vibrieren
kann ein Tanz des Lebens sein.

Ein äußerst feines Regen
kann dich in Schwingung versetzen.

Selbst wenn du nur still sitzt
kann deine Seele doch tanzen.

So gibst du ihr den Raum
sich selbst zu entfalten

und inne zu halten
wann sie es will.

Bewege dich oder sei still.
Alles ist Seelentanz.

Seitenweise

Tanze deine grünen Seiten,
lasse dich leiten.
Doch zunächst:
Stehe dir zur Seite
und begleite
dich.

Lass uns neue Seiten aufschlagen
und das Neue in den Körper tragen.
Seitenweise.
Wiege dich leise
von einer Seite auf die andere.
Wiege dein Kind in den Schlaf
und tanze dich frei – alles darf.

Ein neuer Körperklang
im Seitwärtsgang.
Es gibt nur eine gute
und keine schlechte Seite.

Solange wir tanzen

Solange wir tanzen
sind wir Teil des Ganzen.
Solange wir tanzen
kann nichts geschehen.
Solange wir tanzen
können wir sehen.
Solange wir tanzen
dreht sich die Welt.
Solange wir tanzen
ist da jemand, der uns hält.
Solange wir tanzen
ist alles gut.
Solange wir tanzen
belohnt uns unser Mut.
Solange wir tanzen
tanzen die Sterne.
Solange wir tanzen...
Darum tanze ich so gerne.

Souldancesisters

Wenn Souldancesisters

sich tanzend wiegen,

Gänsehaut kriegen,

gemeinsam schwingen,

dann erklingen

Herzensglocken

und locken

die Freude hervor –

Tor!

Mitten ins Herz.

Wohlklingende Terz.

Seelenklang.

Seelengesang.

Feinschwingender Seelentanz.

Hier und ganz.

Danke.

Strecke dich

Strecke dich dem Unbekannten

entgegen...

Sei wild und verwegen...

Tauche tief,

und dann verweile genau da,

wo du landest...

Auf heiligem Boden...

Berühre ihn sanft,

und dann tanze dir

– Unbekannten –

mit ausgestreckten Armen

und weitem Herzen

entgegen...

Streckung

Atme die Weite,
und lasse sie in deinen Gelenken
Platz nehmen.

Strecke dich nach oben,
und ergieße dich in den Himmel.

Weite dich in das Universum
deines Körpers,
und fühle deine Ausdehnung
bis ins Unendliche.

Fühle den weiten, unendlichen Raum
um dich herum,
und tanze dich hindurch.

Tanze
die Weite.
Die Unendlichkeit.
Dich.

Swaying

swaying

with the trees

is praying

in congruence

with nature's spirit

Tanz

Tanz berührt die Seele
und macht Musik sichtbar.

Tanz ist die Verlängerung
der träumenden Seele.

Tanz ist die Ehrerbietung
des Körpers an die Seele.

Tanz ist der Ausdruck
deines inneren Wirbels.

Tanz berührt die Flügel der Seele
und bringt sie zum Schwingen.

Tanz ist der Türöffner
zur Seele.

Tanz der Elemente

Der Wind spielt mit den Bäumen.
Der Staub tanzt im Sonnenlicht.
Ein Herz hüpft vor Freude.
Ein Kind springt in die Pfützen.
Ein Blatt schaukelt im Wind.
Die Sonne glitzert im Tautropfen.
Der Tautropfen glitzert in der Sonne.
Ein Haar tanzt auf dem Kopf.
Ein Strudel dreht sich im Kreis.
Der Clown verdreht die Augen.
Ein Spinnennetz vibriert im Septemberlicht.
Ein Adler kreist in kühlen Höhen.
Mücken tanzen in der Luft.
Eine Forelle springt im Bach.
Ein Schiff segelt zum Horizont.
Steine purzeln einen Hang hinunter.
Büffel rennen über die Prärie.
Eine Amsel plantscht im Teich.
Der Bach rauscht ins Tal.
Ein Wolf trabt durch den Winterwald.
Der Ball schießt über das Tor.
Die Welt gerät aus den Angeln.
Ein Eichhörnchen nagt an einer Nuss.
Der Bote übergibt einen Brief.
Die Galaxien tanzen im Weltall,
und wir ALLE tanzen mit,
immer und ewig.

Tanz am See I

Zwischen
Weiden und Eichen,
Wasser und Wald,
Pferden und Pfauen,
Fröschen und Frauen

tanzen wir gelassen,
und fest umfassen
wir unser Glück,
tanzen vor und zurück

in die Realität,
echt, schon so spät?
Zeit ist hier ein Phänomen,
ciao, bis zum Wiederseh'n.

Tanz am See II

Perfekte Balance.

Kindersommerwind.

Was für ein Himmel.

Alte Baumseele am See.

Die Flügel ausgebreitet.

Stillglücklicher Gleitflug.

Gleichklang der Gefährtinnen.

Perfekter Tag für unseren Tanz am See.

Tanze!

Hüte dein inneres Feuer,
und führe deinen Drachen zum Tanz.
Packe dein Ungeheuer
im Nacken und am Schwanz.
Lass es zappeln und erbeben,
und schenke deinem Drachen Leben.

Tanze mit Dir.
Jetzt. Immer. Hier.

Tanz der Mütter (für Sophia)

Wir alle hatten oder haben eine Mutter,
die uns liebte und lieb hat.

Es gibt ein arabisches Sprichwort:
Eine Mutter hat man nur einmal.

Wie wahr.

Darum tanze heute für deine Mutter.
Aus tiefstem Herzen.
Sie trug dich sicher in ihrem Bauch.
Kochte, schlief, ja, tanzte vielleicht mit dir.

Tanze für sie und in Gedanken mit ihr.
Sie ist mit dir in ihrem Bauch neun Monate
durch ihr, nein, durch euer Leben getanzt.
Nun tanze du für sie.

Tanz der Schwäne

Verleihe deinem Tanz Flügel
sei beflügelt
schwing dich empor
im Chor
der Gleichgesinnten

Breite deine Flügel aus
und fliege dir elfengleich
entgegen
schwing dich in die Lüfte
sei verwegen

Verleihe dir Flügel
und jeder Tanz
wird federleicht
und gleicht
dem Tanz der Schwäne.

Tanz der Stille

Wir tanzen in der Stille weiter…

Tanzen in die Stille hinein…

Immer weiter…

Immer weiter zu uns…

Immer weiter…

in die Mitte allen Seins…

Verbunden…

im Lebenstanz…

im Tanz der Stille…

…–…–…–…–…–…–…

Tanze dichter an dich heran

Tanze dichter an dich heran.

—

Noch dichter.

—

Dichter.

—

Dicht.

—

Ich.

—

—

Genau!

Tanzende Gedanken – Tanzgedanken

Wogendes Bewegen – bewegtes Wogen.
Keine Fragen, nur getanzte Antworten.
Eintauchen ins JetztSein.
Heimkehr ohne Rückschau.
Innige Landung in dir.
Empfange mit offenen Armen
und lächelndem Herzen.
Der Kopf schweigt und tanzt leise
durch entleerte Räume.
Das Kopfkino hat geschlossen.
Auch die Wortbar öffnet heute nicht.
Einzig die Tanzbar gewährt
freien Eintritt für alle.
Wo der Kopf endet, beginnt der Tanz.
Gedankenentleerter Seelentanz.
Ganz allein mit dir. In dir. Von dir.
Sich weitende Räume.
Kein Ballast.
Freie Seele.

Tanzen und trommeln

Wir sind Tänzer des Lebens

Alle

Unsere Zellen vibrieren und pulsieren

Alle

Unsere Herzen pumpen und trommeln

Alle

Unsere Lungen weiten und verengen sich

Alle

Unsere Augen öffnen und schließen sich

Alle

Unsere Gehirne funken und kommunizieren

Alle

Unsere Füße tanzen und hüpfen

Alle

Unsere Arme beugen und strecken sich

Alle

Unsere Wünsche fliegen und verbinden sich

Alle

Tanze und sei

Tanze in die Stille
Tanze die Stille
sei still.

Tanze in die Achtsamkeit
Tanze die Achtsamkeit
sei achtsam.

Tanze in die Demut
Tanze die Demut
sei demütig.

Tanze in die Freude
Tanze die Freude
sei Freude.

Tanze in den Mut
Tanze den Mut
sei mutig.

Tanzlatein

Antanzen.

Aus der Reihe tanzen.

Tanz auf dem Vulkan.

Das Tanzbein schwingen.

Die Puppen tanzen lassen.

Ist die Katze aus dem Haus,

tanzen die Mäuse auf dem Tisch.

Auf zu vielen Hochzeiten tanzen.

Nach der Pfeife von jemandem tanzen.

Wem das Glück aufspielt, der hat gut tanzen.

Tanzlaub – Laubtanz

Leise raschelnd tanzen meine Füße
über das Herbstgoldlaub,
fächeln ihm Luft zu,
auf dass es atmen möge.

Wirbeln, purzeln, gleiten.
Taumeln, flattern, fallen.
Lebensblättertanz.

Mit dem Laub fällt das Licht
und auch wir
in uns zurück,
tief hinein in den Erdenbauch,

um in seiner warmen Dunkelheit
zu reifen,
zu begreifen.

Laubwirbeltanz
im Goldlichtschein.
Blatt im Wind.
Herbstkind.

Tanz mit dir

Pflück'
dir dein
Tanzglück
auf dem Boden
der Welt
der dich hält
und fliegen lässt

Kleine Schritte
in die Mitte
schwing die Hüfte
und die Arme
in die Lüfte

Lass die Beine
von der Leine
zieh aus die Schuh
und sei du
mit Haut und Haar
ganz und gar

Tanzraum – Raumtanz

Tanze dich in den Raum.

Sei Raum,

und gib dir Weite.

Verbreite

deine Blütenpracht

sacht.

Tanze.

Tanz.Raum (after)

Tanze

aus

Neugier.

Zaubere

Ruhe.

Atme

und

manifestiere.

Tanzrezept

Nimm folgende Ingredienzien:

– eine unbegrenzte Menge an Achtsamkeit
– unendlich viel Atem
– unbegrenzten Bewegungsdrang
– eine große Portion Dankbarkeit
– ein Glas voll „dich–Ein*lassen*"
– eine Großpackung Energie
– viel Flow
– eine große Portion Freiheit
– eine entsprechende Menge Freude
– ein Paar Füsse (so zur Hand)
– eine mächtige Portion Ge*lassen*heit
– eine große Portion Genuss
– viele kleingroße Glücksgefühle
– eine großes Gefäß Intuition
– eine große Portion Neugierde
– viele Streusel Offenheit
– eine Prise Pause
– Schweiß in selbstbestimmter Menge
– eine große Portion Selbstvergessenheit
– eine direkte Verbindung zu dir
– eine Schaufel Vorfreude
– viele Löffel Verbundenheit
– eine unbegrenzte Menge Weite
– eine Menge WIR
– viel Witz zum Abschluss drüber streuen,
    gut umrühren und sofort genießen!
– zum Wohl(e aller)!

Tanzweisheit

Unser Leben zu tanzen

gibt dem Ganzen

erst seinen Sinn.

So gib dich ihm hin,

gar und ganz,

Deinem Tanz.

Time is a dancer

Let it sink in

Let it sink in

Time is a dancer

So are we

Let it sink in

Let it sink in

Time is a dancer

So are we

Umkehr

Was erklingt in dir,
wenn du das Wort
Umkehr in dir tanzen lässt?

Halte inne, atme und
lausche der Stimme in dir.

Verspürst du Unbehagen,
Unruhe und Angst?
„Es könnte etwas Schlimmes geschehen.
Umkehr bedeutet Aufgabe.
Vergeblichkeit. Verlust"

Spürst du Lähmung,
ungewolltes Innehalten?
Fordert Umkehr Mut von dir?

Dann atme und lausche
der Stimme in dir.

„Folge DIR in DEINE Richtung,
wohin du auch immer
gehen magst."

Oder spürst du Erleichterung
und willst den Stufen der Umkehr
unwillkürlich und freudvoll folgen?

Siehst du dich lauschend einkehren
und achtsam zurückblicken,
sanft, klar und liebevoll,
um dann in deine Richtung zu gehen,
ohne Zögern und Zaudern?

In jedem Fall ist sie ein liebevoller
Weckruf zurück zu dir:

„Folge DIR in DEINE Richtung,
wohin du auch immer
gehen magst."

Umschlungen

wenn die
Weichheit
dich umschlingt
wie
Honeysuckle Rose
mit ihrem
süßlockenden
Duft
und die
Freude
dich umringt
wie
eine Horde
wilder Kinder
dann bist du
in deinem
Seelentanz
gelandet
und tanzt
den befreiten
Tanz
des Seins

Unitas (Elfentanz)

Tanz der elf Elfen

unbeschwert und frei

in Leichtigkeit verbunden

Atmendes Staunen

Staunendes Atmen

Innehalten im Zwischenraum

Bewegung aus der Stille heraus

Und immer wieder atmen, lauschen

Ein pausenloses Ineinanderfließen

Wie die Wellen am Strand

Wie das Schilf im Wind

Wie der Flügelschlag des Kranichs

Unbeschwert und leicht

Pausenlos und frei

Elf Elfen im Tanz verbunden.

Unitas.

Weisheitslöffel (zum Nachspüren)

Jede Bewegung entspringt
der Quelle in dir.
Jeder Atemzug ist eine Ode
an das Leben.
Jede Stille nimmt ihren Anfang
im Ursprung des Seins.
Jedes Warten findet
im Nichts seine Erfüllung.
Jedes Ankommen gibt
der Hoffnung Raum.
Jeder Windzug spielt Fangen
mit der Ewigkeit.
Jede Laune verschafft sich
Gehör im Seelenraum.
Jede Antwort weiß
um den Sinn der Wahrheit.
Jedes Schweigen
birgt Tiefe in sich.
Jede Freude erkennt
den Sonnenschatten,
und
jeder Stern
das Licht.

Wenn die Blumen tanzen

Wenn die Blumen tanzen,
dann steht der Wald Spalier.
Wenn die Blumen tanzen,
dann hebt jeder Pilz den Schirm
ein wenig höher, und neugierig
blinzelt ein Ohrenkneifer hervor.

Wenn die Blumen tanzen,
dann wird geflüstert im Gras.
Wenn die Blumen tanzen,
dann hüpfen die Mäuschen dazu
im wilden Springseilduett
und werden es nicht müde.

Wenn die Blumen tanzen,
dann liegt Milde in der Luft.
Wenn die Blumen tanzen,
dann tanzt die Liebe mit,
um den Lebenstanz zu eröffnen
für jedes lebende Wesen.

Widerstände

Wir sollten

unseren Widerständen

Weite, Ruhe, Zuversicht

schenken

und sie in Dankbarkeit

tanzen.

Sanft spricht

unsere Liebe

zu ihnen,

denn sie wollen

uns dienen.

Machen wir uns bereit

für den

gemeinsamen Sprung

in die Jetztzeit.

Wiederholung

Die Kraft der Wiederholung.

Wiederhole jeden deiner Schritte.
Wiederhole deinen Tanz.
Wie die Wellen am Strand.
Wie die Finger auf dem Instrument.

Wieder und wieder und wieder.

Wie dein Atem.
Wie dein Herzschlag.
Wie die Jahreszeiten.
Wie der Vogelzug.

Wieder und wieder und wieder.

Wundervoll

Was seid ihr für wundervolle
Tänzerinnen und Tänzer.
Jede und jeder von euch.

Danke, dass ich euch begegnen darf.

Wir halten uns im Herzen
und an den Händen.

Was seid ihr doch für wundervolle
Tänzerinnen und Tänzer.
Danke.

Zeitatem

Langsam, ganz langsam
tropft die Zeit.

Verschwendet sich nicht mehr
in ungehörten Sturzbächen.
Lacht das Lied der Waldelfen.
Tanzt den Reigen des Lebens.

Zeit hat sich selbst gefunden
und ruht sich aus.

Zuhören

Lausche tief in dich hinein.

Werde still.

Noch stiller.

Stille.

—

—

—

Lausche der Stille.

Hörst du sie?

Wie sie atmet?

Sanft und gleichmäßig.

Sie atmet sich.

Sie atmet dich.

Hör gut zu.

Sie ruft dich.

Zwischenraumpausentraum
(between the sheets)

Spüre den Zwischenraum…

Zwischen zwei Zwetschgenzweigen.

Zwischen Ein- und Ausatmen.

Zwischen zwei Flügelschlägen.

Zwischen Blitz und Donner.

Zwischen zwei Windstößen.

Zwischen Tag und Nacht.

Zwischen zwei Menschen.

Zwischen Haut und Stoff.

Zwischen zwei Atomen.

Zwischen den Zeilen.

Zwischen zwei Welten.

Zwischen zwei Wellen.

Zwischen zwei Lippen.

Zwischen zwei Tönen.

Zwischen allem.

Und noch ein halbes Gedicht

„Wenn ich tanze, dann...

fliegt die Welt an mir vorbei...

bin ich der Welt entrückt...

und doch so nah.

„Wenn ich tanze, dann...

Schickt mir gerne eure Fortsetzungen,
ich würde mich freuen....

Leela

Gott schwimmt im Fisch und schlüpft in den Fuchs
und fordert den Menschen zum Tanz auf.
Gott weht im Wind und biegt sich im Baum
und lädt dich zum Tanz ein.
Gott riecht in der Blume und wächst im Gras
und möchte mit dir tanzen.
Gott galoppiert im Pferd und flattert im Schmetterling
und fordert dich zum Tanz auf.
Gott schnurrt in der Katze und klettert in der Ziege
und würde dich gerne tanzen sehen.
Gott summt in der Biene und erstrahlt in der Sonne
und wartet darauf, dass wir tanzen.
Gott lässt den Schnee gefrieren und scheint im Mond
und vermisst unseren Tanz.
Frage:
„Warum tanzen wir nicht?"

Aus: *Der Sprung in den Zwischenraum. Eine Pilger-reise nach innen.* Paul Blok. Übersetzung vom Nie-derländischen ins Deutsche: Ana Flor. Phänomen-Verlag. In Druck. Erscheinungsdatum voraussichtlich Frühjahr 2023.

„Wo immer der Tanzende mit dem Fuß auftritt, da entspringt dem Staub ein Quell des Lebens."

Rumi

Zur Autorin

 Das Schreiben begleitet mich seit meinem 10ten Lebensjahr, ausgelöst durch ein Erlebnis an einem frühen Sommermorgen: Ich erwachte im Zelt von einem ohrenbetäubenden Vogelkonzert, griff vollkommen überwältigt zu meinem neuen Taschenkalender und begann zu schreiben.

Neugierde, Abenteuerlust und meine Tätigkeit als Geographin mit Fokus auf Agroforstwirtschaft in den Tropen und Hochgebirgsökologie trugen mich immer wieder hinaus in die Welt. So verbrachte ich u. a. mehrere Jahre in Norwegen, Ostafrika —hier habe ich u.a. eine 5 jährige Feldforschung zum Thema Ressourcenmanagement mit Promotionsabschluss durchgeführt —den Niederlanden (u.a. Studium der Niederlandistik) und in Neuseeland. Ein wesentlicher Auslöser hierfür ist meine vom „Outdoor-Leben" und damit stark von der Natur geprägte Kindheit: Meine Großeltern hatten einen großen (Agroforst-)Garten mit kleiner Imkerei.

Neben dem Schreiben liebe ich den freien Tanz bzw. Tanztraining, Fotographie, Malen und Zeichnen, Vor(Lesen) und noch viele andere kreative Beschäftigungen. Ich fahre gerne Rennrad und Mountainbike, lieb(t)e das Tauchen, Kayak fahren und Tai Chi.

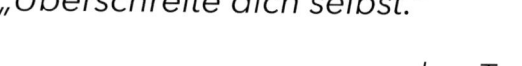

„*Überschreite dich selbst.*"

aus dem Tao